BEI GRIN MACHT SICH IHR WISSEN BEZAHLT

- Wir veröffentlichen Ihre Hausarbeit, Bachelor- und Masterarbeit

- Ihr eigenes eBook und Buch - weltweit in allen wichtigen Shops

- Verdienen Sie an jedem Verkauf

Jetzt bei www.GRIN.com hochladen und kostenlos publizieren

Bibliografische Information der Deutschen Nationalbibliothek:

Die Deutsche Bibliothek verzeichnet diese Publikation in der Deutschen Nationalbibliografie; detaillierte bibliografische Daten sind im Internet über http://dnb.d-nb.de/ abrufbar.

Dieses Werk sowie alle darin enthaltenen einzelnen Beiträge und Abbildungen sind urheberrechtlich geschützt. Jede Verwertung, die nicht ausdrücklich vom Urheberrechtsschutz zugelassen ist, bedarf der vorherigen Zustimmung des Verlages. Das gilt insbesondere für Vervielfältigungen, Bearbeitungen, Übersetzungen, Mikroverfilmungen, Auswertungen durch Datenbanken und für die Einspeicherung und Verarbeitung in elektronische Systeme. Alle Rechte, auch die des auszugsweisen Nachdrucks, der fotomechanischen Wiedergabe (einschließlich Mikrokopie) sowie der Auswertung durch Datenbanken oder ähnliche Einrichtungen, vorbehalten.

Impressum:

Copyright © 2017 GRIN Verlag, Open Publishing GmbH
Druck und Bindung: Books on Demand GmbH, Norderstedt Germany
ISBN: 9783668507913

Dieses Buch bei GRIN:

https://www.grin.com/document/373107

Mathias Obermaier

Ausbildung der Ausbilder. Unterweisung eines Ausbilders für den Beruf Bankkaufmann / Bankkauffrau zum Thema der SEPA Überweisung

GRIN Verlag

GRIN - Your knowledge has value

Der GRIN Verlag publiziert seit 1998 wissenschaftliche Arbeiten von Studenten, Hochschullehrern und anderen Akademikern als eBook und gedrucktes Buch. Die Verlagswebsite www.grin.com ist die ideale Plattform zur Veröffentlichung von Hausarbeiten, Abschlussarbeiten, wissenschaftlichen Aufsätzen, Dissertationen und Fachbüchern.

Besuchen Sie uns im Internet:

http://www.grin.com/

http://www.facebook.com/grincom

http://www.twitter.com/grin_com

Konzept für ein Lehrgespräch

Für den praktischen Teil der Ausbildereignungsverordnung nach AEVO

Ausbildungsberuf:

Bankkaufmann/-frau

Thema der Unterweisung:

Ausfüllen eines SEPA-Überweisungsformulars

Prüfungsteilnehmer: Max Ausbilder

Inhaltsverzeichnis:

1 Allgemeine Angaben

2 Rahmenbedingungen

    2.1 Ausbildungsbetrieb & Ausbilder

    2.2 Auszubildender

    2.3 Lernort

3 Lernziele

    3.1 Richtlernziel

    3.2 Groblernziel

    3.3 Feinlernziel

        3.3.1 Kognitiver Bereich

        3.3.2 Psychomotorischer Bereich

        3.3.3 Affektiver Bereich

    3.4 Lernzielkontrolle

4 Planung und Durchführung der Ausbildungseinheit

    4.1 Vorkenntnisse

    4.2 Lehrmethode (4-Stufen-Methode)

        4.2.1 Definition

        4.2.2 Unterweisungsablauf

5 Lehr- und Arbeitsmittel

6 Anhang

1 Allgemeine Angaben

Daten des Prüfungsteilnehmers:	Max Ausbilder Musterstraße 1 12345 Musterstadt
Zuständige Stelle:	IHK Muster Musterstraße 1 12345 Musterstadt
Unterweisungsdatum:	xx.xx.xxxx
Unterweisungsort und Zeit:	Beratungszimmer in der Filiale, xx:xx Uhr
Dauer der Unterweisung:	ca. 15 Minuten
Ausbildungsberuf:	Bankkaufmann/-frau
Ausbildungsstand:	1. Ausbildungsjahr/ 2. Monat
Unterweisungsmethode:	4-Stufen-Methode
Unterweisungsthema:	Ausfüllen eines SEPA-Überweisungsformulars

2 Rahmenbedingungen

2.1 Ausbildungsbetrieb und Ausbilder

Ausbildungsbetrieb

Sparkasse Musterstadt
Sparkassenstr. 1
83000 Musterstadt

Zuständiger Ausbilder:

Max Ausbilder, Stellvertretender Filialleiter mit abgeschlossener AVEO-Ausbildereignungsprüfung und mehrjähriger Erfahrung als Bankkaufmann

2.2 Auszubildender

Name: Maxi Auszubildender

Alter: 16 Jahre

Höchster Schulabschluss: Mittlere Reife (Realschule)

Ausbildungsdauer: 2,5 Jahre (Verkürzung)

Die Auszubildende **Maxi Auszubildender** konnte bereits im Rahmen des Vorstellungsgesprächs im vergangen Jahr durch ihre aufgeschlossene Art und ihr wissbegieriges Auftreten überzeugen.

Aus diesem Grund erfolgte eine Einstellung in ein Auszubildendenverhältnis. Dieses konnte aufgrund ihres Abschlusses mit der mittleren Reife (Notenschnitt von 2,0) an einer staatlichen Realschule auf 2,5 Jahre verkürzt werden.

Der positive Eindruck der Auszubildenden bestätigte sich während des ersten Monats im Betrieb. Sie wurde hier zuerst im Rahmen der Einführungswochen in unserer Unternehmenszentrale und später in einigen zentralisierten Bereichen an den Unternehmensalltag herangeführt.

Seit einigen Wochen befindet sie sich nun an 3 Tagen in der Woche in der Filiale. An den restlichen beiden Tagen besucht sie die Berufsschule. In der Zusammenarbeit mit dem Team in der Filiale zeigte sich erneut die hohe Lernbereitschaft sowie die soziale Kompetenz der Auszubildenden. Lediglich an die, im Vergleich zu den Schulzeiten, verlängerten Arbeitsstunden pro Tag muss sie sich noch vollends gewöhnen.

Nun im 2. Monat ihrer Ausbildung soll **Maxi** im Rahmen des nationalen Zahlungsverkehrs in den Aufbau und das Ausfüllen eines SEPA-Überweisungsträgers unterwiesen werden.

2.3 Lernort

Die Unterweisung findet im Büro des Ausbilders statt, da die Auszubildende hier in aller Ruhe und ohne Störungen unterwiesen werden kann. Eingehende Anrufe werden für die Zeit der Unterweisung automatisch auf einen freien Kollegen umgeleitet.

3 Lernziele

3.1 Richtlernziel

Das Richtlernziel gem. dem Ausbildungsrahmenplan für Bankkaufleute lfd. Nr. 3.2 besteht im nationalen Zahlungsverkehr.

3.2 Groblernziel

Das Groblernziel gem. dem Ausbildungsrahmenplan für Bankkaufleute lfd. Nr. 3.2 c) besteht darin, die Bearbeitung von Zahlungsaufträgen anhand von Beispielen erläutern zu können.

3.3 Feinlernziel

Die Auszubildende soll selbständig in der Lage sein einem Kunden den Aufbau eines SEPA-Überweisungsträgers zu erläutern und ein entsprechendes Formular fehlerfrei auszufüllen.

Hierbei sollen folgende Lernbereiche angesprochen werden:

3.3.1 Kognitiver Bereich

Die Auszubildende soll über das nötige Wissen hinsichtlich der Begrifflichkeiten eines SEPA-Überweisungsträger verfügen. Des Weiteren soll ihr bekannt sein wo, wie und warum sie die Daten des Kunden in das Formular einzutragen hat.

3.3.2 Psychomotorischer Bereich

Die Auszubildende soll in der Lage sein den Überweisungsträger in sauberer, leserlicher Druckschrift, fehlerlos und in kurzer Zeit handschriftlich auszufüllen.

3.3.3 Affektiver Bereich

Bei der Auszubildenden soll das Bewusstsein dafür geschaffen werden, dass eine saubere, fehlerlose Arbeit im Filialbereich einen wesentlichen Einfluss auf das Image des Unternehmens hat und somit in erheblichem Maße zum Erfolg beiträgt.

3.4 Lernzielkontrolle

Das Lernziel ist erreicht, wenn die Auszubildende alle Begrifflichkeiten des SEPA-Überweisungsformulars kennt und ein Formular zu Übungszwecken fehlerlos, in angemessener Zeit sowie sauber ausfüllen kann.

4 Planung und Durchführung der Ausbildungseinheit

4.1 Vorkenntnisse

In den vorangegangenen Unterweisungen wurden weitere Themen des nationalen Zahlungsverkehrs wie beispielsweise Ein-und Auszahlungen veranschaulicht. Außerdem wurden die Auszubildenden bereits in der Berufsschule mit den theoretischen Grundkenntnissen des nationalen Zahlungsverkehrs vertraut gemacht.

4.2 Lehrmethode (4-Stufen-Methode)

Als Unterweisungsmethode findet die 4-Stufen-Methode Verwendung.

4.2.1 Definition

Diese Lehrmethode eignet sich besonders zum Beginn der Ausbildung, da wenige Vorkenntnisse vorausgesetzt werden. Zudem hat die 4-Stufen-Methode zum Vorteil, dass Fertigkeiten und Kenntnisse schnell und einfach vermittelt werden können. Das Risiko des Einschleichens von Fehlern wird durch die ständige Anwesenheit einer verantwortlichen Person verringert. Die Methode dient der Erklärung und Demonstration von praktischen Arbeitsprozessen, wobei sie einen nachhaltigen Lerneffekt verspricht.

4.4.1 Unterweisungsablauf

1. Stufe: Vorbereitung/Motivation:

Was ist zu tun?	Wie?	Warum?
Begrüßung	Höflich jedoch mit Vornamen, da sich geeinigt wurde sich zu duzen	Höfliche Umgangsformen sollen durchgehend gewahrt und verinnerlicht werden
Smalltalk	Lockere Themen wie das Befinden oder das Wetter besprechen	Schaffung einer angenehmen Atmosphäre
Vorbereitung der Unterweisung	Bereitstellung der Arbeitsmaterialien	Gewährleistung eines reibungslosen Arbeitsablaufs
Interesse wecken/Motivieren	Erläuterung des Themas und des Ziels der Unterweisung	Dem Auszubildenden soll näher gebracht werden welcher praktische Nutzen im Gelernten besteht

2. Stufe: Vormachen/Erklären:

Der Ausbilder erklärt den folgenden Arbeitsablauf als Ganzes, er demonstriert das Vorgehen im Detail, indem er jeden Schritt nachvollziehbar vormacht.

Was ist zu tun?	Wie?	Warum?
Begriffserklärung	Erklärung aller Feldnamen und Abkürzungen (SEPA, BIC, IBAN)	Die Kenntnis der Begrifflichkeiten ist nötig, um vor dem Kunden einen kompetenten Eindruck zu machen
Angaben zum Zahlungsempfänger angeben	Befüllen der Zeile: Angaben zum Zahlungsempfänger	Um eine richtige Zuordnung zur IBAN zu gewährleisten
Empfänger: IBAN angeben	Befüllen der Zeile: IBAN	Richtige Eintragung der IBAN absolut erforderlich, um eine korrekte Überweisung zu ermöglichen
Empfänger: BIC angeben	Befüllen der Zeile: BIC	Um die Überweisung an das richtige Kreditinstitut zu senden, ist die BIC nötig
Betrag angeben	Befüllen der Zeile: Betrag	Die Geldsumme muss angegeben werden, wichtig ist dabei darauf zu achten, dass die Summe korrekt ist
Verwendungszweck angeben	Befüllen der Zeile: Verwendungszweck	Eine Überweisung kann auch ohne Verwendungszweck versendet werden, aber für eine leichtere Verbuchung beim Empfänger ist ein Ausfüllen sinnvoll
Kontoinhaber angeben	Befüllen der Zeile: Kontoinhaber	Das ist nötig, um eine korrekte Zuordnung zum Kontoinhaber zu gewährleisten
Eigene IBAN angeben	Befüllen der Zeile: IBAN	Um eine Abbuchung vom eigenen Konto zu gewährleisten, absolut notwendig
Datum angeben	Befüllen des Kästchens: Datum	So ist nachvollziehbar wann die Überweisung erteilt wurde und ausgeführt werden muss
Unterschrift	Befüllen des Kästchens: Unterschrift	Dieses Feld muss vom Kontoinhaber oder einem Bevollmächtigten unterschrieben werden damit die Überweisung Gültigkeit erhält

3. Stufe Nachmachen/ Erklären lassen:

Was ist zu tun?	Wie?	Warum?
Verständnis überprüfen	Stellen von Verständnisfragen (z.B. über die erlernten Begrifflichkeiten)	Es soll ein selbstständiger Denk- bzw. Erinnerungsprozess ausgelöst werden zur Verfestigung des gelernten
Nachmachen lassen	Durchführung aller Arbeitsschritte durch die Auszubildende (inkl. Erläuterung)	Das Verständnis soll überprüft werden und sich durch eigenständiges Ausführen noch verfestigen
Hilfestellung geben	Beobachtung des Arbeitsvorgangs und ggf. helfend eingreifen	Verhinderung der Verfestigung von fehlerhaften Arbeitsschritten

4. Stufe Erfolgskontrolle/Üben:

Der Ausbilder teilt der Auszubildenden seine Beobachtungen mit, fragt sie nach ihrer Einschätzung und gibt, falls nötig, Verbesserungsvorschläge. Der Auszubildenden wird mitgeteilt, ob sie die Lernziele erreicht hat und sie wird dazu motiviert, ihre Fertigkeiten in der Praxis zu vertiefen. Abschließend wird die Auszubildende daran erinnert, sich die Unterweisung in ihrem Berichtsheft festzuhalten.

5 Lehr-und Arbeitsmittel

- SEPA-Überweisungsträger
- Kugelschreiber
- 2 Vorliegende Rechnungen (Re.Nr. 01/2017, Re. Nr. 02/2017)
- IBAN-Nummer und Name des Zahlungspflichtigen
  (DE XX XXX XXX XX XXXX XXXXXX, Hans Mustermann)
- Liste mit den Begrifflichkeiten

6 Anhang

*Sachlicher und zeitlicher Ausbildungsplan
für die Berufsausbildung
zum Bankkaufmann/zur Bankkauffrau*

Zeitliche Gliederung der Berufsausbildung
Während der gesamten Ausbildung zu vermitteln:

Die Fertigkeiten und Kenntnisse zu den Berufsbildpositionen
  1.2 Personalwesen und Berufsbildung, Lernziele k und l und
  1.3 Informations- und Kommunikationssysteme
sind während der gesamten Ausbildungszeit zu vermitteln.
 	
Ihre Vermittlung soll insbesondere in Zusammenhang mit den Berufsbildpositionen
  3   Kontoführung und Zahlungsverkehr,
  4   Geld- und Vermögensanlage und
  5.1 Standardisierte Privatkredite
erfolgen.

1. Ausbildungsjahr

Lfd. Nr. Berufsbild (§ 3)	Teile des Ausbildungsberufsbildes, die schwerpunktmäßig zu vermitteln sind bzw. deren Vermittlung fortzuführen ist	Vermittlung/Fortführung vorgesehen von – bis
	Zeitrahmen 2 – 4 Monate	
3.1	Kontoführung	....
2	Markt- und Kundenorientierung	....
6.1	Rechnungswesen	....
	in Verbindung mit	
1.1	Stellung, Rechtsform und Organisation	
1.2	Personalwesen und Berufsbildung, Lernziele a, c bis h	
1.4	Sicherheit und Gesundheitsschutz bei der Arbeit	
1.5	Umweltschutz	
	Zeitrahmen 2 – 4 Monate	
3.2	Nationaler Zahlungsverkehr	....
	Im Zusammenhang damit ist die Vermittlung der Fertigkeiten und Kenntnisse der nachfolgenden Berufsbildpositionen fortzuführen:	
2	Markt- und Kundenorientierung	
6.1	Rechnungswesen	
	Zeitrahmen 4 – 6 Monate	
4.1	Anlage auf Konten	....
	Im Zusammenhang damit ist die Vermittlung der Fertigkeiten und Kenntnisse der nachfolgenden Berufsbildpositionen fortzuführen:	
2	Markt- und Kundenorientierung	
6.1	Rechnungswesen	

Begriffe

SEPA – **S**ingle **E**uropean **P**ayment **A**rea (EU + einige andere Länder z.b. Schweiz)

BIC – **B**usiness/**B**ank **I**dentifier **C**ode (vgl. Bankleitzahl)
→ 8 – 11 Stellen

    Bsp. **BYLADEM1MDF**
- BYLA (1-4) betreffendes Kreditinstitut (Hier Bayerische Landesbank)
- DE (5-6) Länderkennzeichen (Deutschland)
- M1 (7-8) Hinweis auf den Hauptsitz des KI (Hier München)
- MDF (9-11) Optional (auch XXX möglich) Filiale/Branch (Hier Mühldorf)

IBAN - **I**nternational **B**ank **A**ccount **N**umber (vgl. Kontonummer)
→ Max. 34 Stellen (Deutschland 22 Stellen)

    Bsp. **DE 74 711 510 XX XXXX XXXX XX**
- DE (1-2) Länderkennzeichen (Hier Deutschland)
- 74 (3-4) Prüfziffer (Mathematisch bestimmbar)
- 711 XXX XX (5-12) Bankleitzahl aus nationalem Zahlungsverkehr
- 0000 XXXX XX (13-22) Kontonummer aus nationalem Zahlungsverkehr (wenn kürzer als 10 Zeichen durch vorangestellte Nullen aufgefüllt)

RECHNUNG

Datum, 01.10.2017

XY AG
Musterstraße 2
83000 Musterstadt
0123/ 9876
Xy-ag@gmail.com

AN

Herrn
Hans Mustermann
Musterstraße 3
83000 Musterstadt

Kundennummer: 12345   Rechnungsnummer.: 01/2017

Bitte geben Sie bei Ihren Überweisungen immer die Kunden- und die Rechnungsnummer an.

Menge	Artikelnummer	Beschreibung	Preis pro Einheit	Rabatt	Summe der Positionen
1	123	Gartenschlauch	50,00	-	50
2	456	Gießkanne	25,00	-	50

Rabatt gesamt	-
Zwischensumme	100,00
MwSt	19,00
Summe	119,00

Vielen Dank für Ihre Bestellung!

Kontoinhaber: XY AG
IBAN: DE 75 711 510 20 0000 1234 56
Bank: Sparkasse - Musterstadt
BIC: BYLA DE M1 MDF

RECHNUNG

Datum, 10.10.2017

XY AG　　　　　　　　　AN　　　　　Herrn
Musterstraße 2　　　　　　　　　Hans Mustermann
83000 Musterstadt　　　　　　　　Musterstraße 3
0123/ 9876　　　　　　　　　　　83000 Musterstadt
Xy-ag@gmail.com

Kundennummer: 12345　　　**Rechnungsnummer.: 02/2017**

Bitte geben Sie bei Ihren Überweisungen immer die Kunden- und die Rechnungsnummer an.

Menge	Artikelnummer	Beschreibung	Preis pro Einheit	Rabatt	Summe der Positionen
5	789	Campingstuhl	20,00	-	100
1	1011	Spaten	100,00	-	100

Rabatt gesamt	-
Zwischensumme	200,00
MwSt	38,00
Summe	238,00

Vielen Dank für Ihre Bestellung!

Kontoinhaber:　XY AG
IBAN:　　　　　DE 75 711 510 20 0000 1234 56
Bank:　　　　　Sparkasse - Musterstadt
BIC:　　　　　 BYLA DE M1 MDF

BEI GRIN MACHT SICH IHR WISSEN BEZAHLT

- Wir veröffentlichen Ihre Hausarbeit, Bachelor- und Masterarbeit

- Ihr eigenes eBook und Buch - weltweit in allen wichtigen Shops

- Verdienen Sie an jedem Verkauf

Jetzt bei www.GRIN.com hochladen und kostenlos publizieren